Servietten falten

kleine Kniffe große Wirkung

Autor: Caroline Hofman | Fotos: Manfred Jahreiß | Eva Wunderlich

Inhalt

Die Theorie

Die Anleitungen

Effektvolle Servietten – schnell und leicht

Gut gestaltete Servietten setzen Akzente und werten jeden gedeckten Tisch auf. Sie finden hier frische Servietten-Ideen, die schnell und einfach zu realisieren sind, darunter eine Fülle von Anregungen auch für diejenigen, die sich bislang nicht ans Basteln heranwagten. Und das Schönste daran: Fast alles, was Sie dazu brauchen, findet sich in jedem Haushalt oder Garten. Überraschen Sie Ihre Gäste mit immer neuen Servietten-Ideen – von dezent bis bunt, von klassisch bis raffiniert. Eine schöne Art, ein festliches Menü optisch zu unterstreichen.

Das brauchen Sie

1 | Grundausstattung

Es gibt ein paar Dinge, die Sie zum Basteln und Serviettengestalten zu Hause haben sollten. Hier eine Liste der wichtigsten. Weitere Materialien und Utensilien finden Sie auf den folgenden Seiten:

- Karton (in beliebigen Formen und Farben)
- Stoffreste (in beliebigen Farben und Materialien)
- Draht
- Allround-Schere für Papier
- Cutter (9/18 mm, mit auswechselbaren Klingen)
- Geodreieck oder Lineal (zur Cutterbenutzung am besten aus Metall)
- breite und feine Kunsthaarpinsel (Kunsthaar lässt sich leichter reinigen, ist beständig gegen Lösungsmittel, hält die Form und ist insgesamt elastisch und strapazierfähig)
- Klebstoff (welcher sich wofür am besten eignet, lesen Sie auf S. 6)

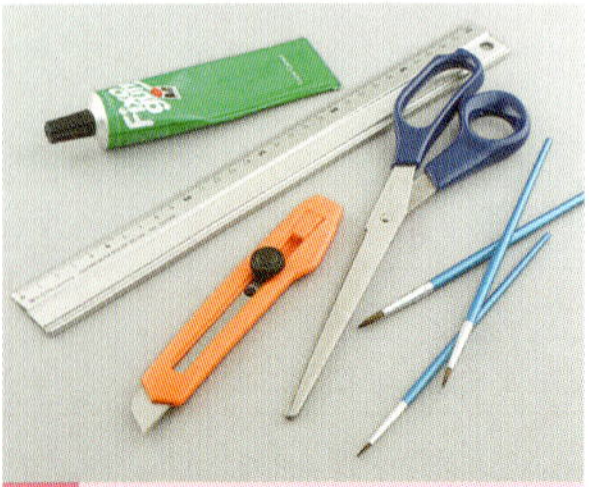

1 *Mit dem richtigen »Werkzeug« klappt es sicher und einfach.*

2 | Stoffservietten

Stoffservietten verleihen dem gedeckten Tisch unmittelbar eine chice, edle Anmutung. Schöne Servietten, eventuell mit edlen Serviettenringen versehen, gehören bei einem besonderen Menü einfach dazu.
Stoffservietten eignen sich auch am besten zum Serviettenfalten. Es gibt sie in allen möglichen Farben und Materialien zu kaufen, sie lassen sich aber auch relativ schnell und einfach selbst machen, wenn Sie eine Nähmaschine besitzen. Sie können fertig gekaufte Stoffservietten auch problemlos umfärben (die entsprechenden Mittel finden Sie in der Haushaltwarenabteilung von Kaufhäusern oder in Drogerien).

2 *Ob Stoff- oder Papierserviette – beide eignen sich zum kreativen Gestalten.*

Stoffservietten lassen sich auch durch Bemalen oder Besticken aufwerten. Oder Sie verschönern sie nach einer der Bastelanregungen dieses Buches und falten, gestalten oder verpacken die Servietten.

3 | Papierservietten

Sie sind in nahezu allen Farben und zu allen erdenklichen Anlässen bedruckt erhältlich – eine preisgünstige, fröhliche Alternative zur Stoffserviette. Auch Papierservietten bieten sich zum kreativen Gestalten an. Da sie nicht waschbar sind, sind sie natürlich für den einmaligen Gebrauch bestimmt. Bei der Gestaltung müssen Sie deshalb auch nicht auf auswaschbare Farben und Klebstoffe achten.

Materialkunde

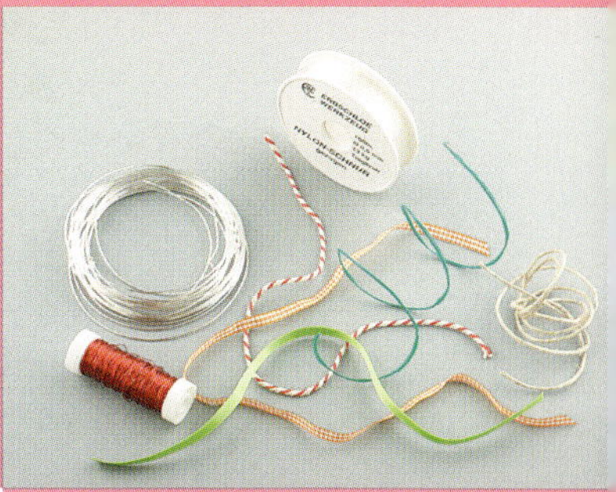

Papier

Folgende Papiersorten kommen in diesem Buch häufig zum Einsatz:

- braunes Packpapier von der Rolle (85 g/m²)
- Yoshpapier
- Transparentpapier (90 und 110 g/m²)
- Geschenkpapier
- Tapetenreste
- Zeitungs- und Magazinschnipsel für Papierfransenränder und Collagen
- Gold- und Silberpapier
- Poesiebilder
- Pergaminpapier (42 g/m²)
- Seidenpapier (durchgefärbte Bögen, 50 x 70 cm)

Filz

Er ist elastisch und lässt sich sehr leicht schneiden, stanzen, nähen, spannen, heften und kleben. Die Schnittkanten fransen nicht aus und flusen nicht. Filz ist in einer großen Farbpalette erhältlich – fertig geschnitten oder auch als Rollenware. Während Bastelfilz nicht waschbar ist, kann Natur- bzw. Wollfilz wie Wolle gewaschen werden.

Filz kann wie erwähnt nicht nur genäht, sondern auch geklebt werden. Als Klebstoffe bieten sich Transferkleber, doppelseitige Klebefolien, Kontaktklebstoffe oder Sprühkleber an.

Bänder & Co.

Geschenkbänder werten jede kreative Gestaltung schnell und preisgünstig auf. Sie sind in jedem Bastelgeschäft, in Papeterien oder auch Kaufhäusern in etlichen Varianten erhältlich. Die meisten Geschenkbänder sind waschbar. Außerdem werden zum Umwickeln, Auffädeln und Verschnüren folgende Dinge verwendet:

- Paketschnur aus Naturfaser
- Bindfaden von der Rolle
- Blumendraht (in vielen Farben und Stärken)
- Silberdraht (zum Aufziehen von Perlen, zum Befestigen und zum Umwickeln)
- bunte Kordeln
- transparenter Nylonfaden (in unterschiedlichen Stärken)

Materialkunde

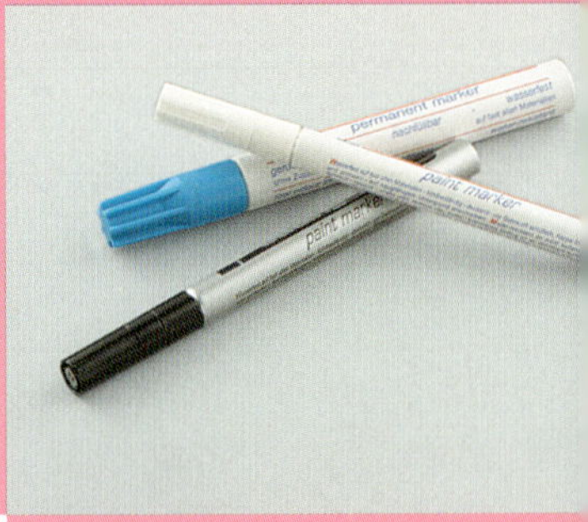

Klebstoffe

Alleskleber (z. B. Technicol) eignet sich vor allem für Papier und Pappe, da er wellfreies Kleben ermöglicht.
Fotoklebstoff (z. B. Fixogumm) kommt immer dann zum Einsatz, wenn die Klebefläche wieder rückstandsfrei entfernt werden soll.
Sprühkleber (z. B. Aerodecol) ist besonders geeignet für großflächiges Kleben ohne Lufteinschlüsse, aber auch, wenn kleine Deko-Elemente wie Glitter befestigt werden sollen.

Plakafarben

Sie sind in nahezu allen Farben erhältlich. Sie sind gut deckend, mit Wasser verdünnbar und lichtecht. Plakafarben werden mit dem Pinsel auf fettfreien Untergrund aufgetragen. Sie eignen sich für unterschiedliche Materialien wie Papier, Pappe, Karton, Glas, Stein und Holz.
Die Farben lassen sich problemlos untereinander mischen. Durch die Abtönung mit Weiß sind zudem wunderschöne pastellfarbene Abstufungen realisierbar.

Paintmarker

Dies sind Spezialstifte, die lackartig decken, eine runde Spitze besitzen und zudem wisch- und wasserfest sind. Sie eignen sich vor allem für den Einsatz auf Transparentpapier und Folien.
Paintmarker oder Lackmarker gibt es von etlichen Herstellern und in den unterschiedlichsten Ausführungen.

Perlen

Gibt es in Bastelgeschäften und Perlenläden. Sie bieten eine bunte Vielfalt, die sehr einfach miteinander kombinierbar ist.
Aufgezogen werden Perlen am besten auf einen Nylonfaden. Achten Sie beim Zusammenstellen der Perlensorten jedoch auf die Lochgrößen.
Eine Variante sind Pailletten, die es in Dosen mit einfarbigen oder mischfarbigen Pailletten in unterschiedlichen Größen gibt. Pailletten sehen auch schön als Unterleger für kleine Glasperlen aus.

Alu-Figuren

Sind kreative Deko-Elemente, die Sie leicht und schnell basteln können. Sie lassen sich wunderbar formen und für alle Anlässe und Gelegenheiten herstellen. Alles, was Sie dazu brauchen, ist eine Rolle Haushaltsalufolie: Jeweils einen Streifen Alufolie durch Zusammendrücken, Pressen und Rollen zu einer Art Kordel drehen. Daraus lassen sich dann nach Wunsch Ornamente, Figuren und Buchstaben formen.
Verschiedene Figuren können Sie ganz einfach verbinden, indem Sie sie am unteren Ende zusammendrehen.

Krimskrams

Nette Kleinigkeiten wie Plastikblumen, Alu-Buchstaben oder Spiegelchen peppen jede Gestaltung schnell und preisgünstig auf und sorgen für den gewünschten Aha-Effekt. Sie sind in Deko-Geschäften, Bastel- und Spielzeugläden erhältlich.
Eine sympathische Variante ist die Verwendung von Fundstücken aus dem eigenen Haus: Ausrangiertes Spielzeug, vergessene Souvenirs und ähnliches finden sich in jedem Haushalt und lassen sich zu witzigen, frechen Eyecatchern umfunktionieren.
Nahezu alles ist kombinierbar. Lassen Sie sich einfach inspirieren und legen Sie los!

Materialkunde

Äste und Blüten

Sie verleihen dem gedeckten Tisch einen Hauch Natürlichkeit und Frische. Sie vermitteln einen edlen und stillen Stil, der nicht selten von interessanten Gerüchen begleitet wird.
Die Äste und Blüten können gelegt, gesteckt oder angelegt werden. Blüten können Sie außerdem zu Ringen oder Ketten aufziehen. Wichtig: Frische Blüten und Kräuter so spät wie möglich, also erst kurz vor Erscheinen der Gäste schneiden und arrangieren, damit sie so lange wie möglich frisch aussehen.

Düfte

Natürliche Düfte von Blüten oder Kräutern sind wunderbare »Deko-Elemente«, die die Serviettengestaltung um eine Dimension erweitern und den Geruchssinn erfreuen. Zudem sehen viele Kräuter sehr hübsch aus, lassen sich also auch in dieser Hinsicht gut in die Tischdekoration einbeziehen.
Sie können getrocknete oder frische Kräuter verwenden – aus dem eigenen Garten oder von der Fensterbank. Zu den ausdrucksstärksten gehören z. B. Lavendel, Rosmarin, Thymian, Basilikum und Majoran. Zum Dekorieren immer wieder gerne benutzt werden auch Salbei, Sternanis, Nelken, Fenchel- und Anissamen, Kümmel und getrockneter Ingwer.

Asia

Ein Besuch in einem Asienladen ist mehr als inspirierend für die Serviettengestaltung. Zum einen bietet die asiatische Küche einen reichen Fundus an ausgefallenen und optisch reizvollen Lebensmitteln wie getrockneten Seetang, Sesamcracker und Glückskekse, getrocknete Lychees, gezuckerte Lotuswurzeln, bunte Reiscracker, Brotringe, getrocknete rote Melonenkerne etc.
Zum anderen finden sich dort eine Vielzahl an Alltagsgegenständen, die wunderbar in die Serviettengestaltung integriert werden können, so z. B. Ess-Stäbchen, Räucherstäbchen oder die unterschiedlichsten Sorten Yoshpapier.

Techniken

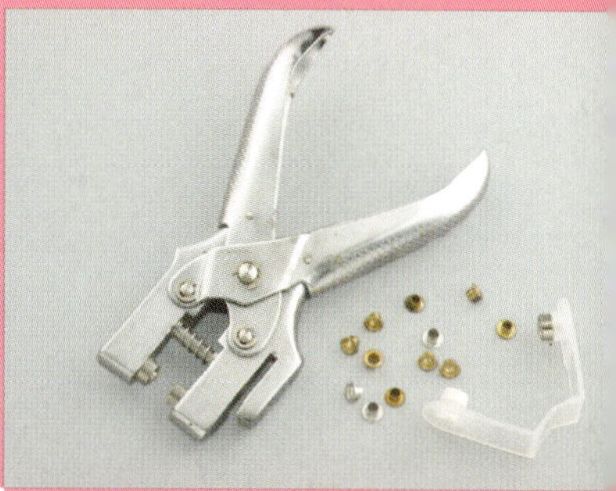

Pressen

Die wichtigste Technik beim Serviettenfalten ist das Pressen. Schließlich möchten Sie, dass Ihre Kreationen halten und nicht gleich wieder in sich zusammenfallen. Zunächst bügeln Sie die Serviette glatt. Bügelstärke verleiht dem Stoff die nötige Festigkeit, so dass Faltkanten und Knicke den richtigen Stand bekommen. Nach den einzelnen Faltschritten immer wieder mit dem Bügeleisen glatt pressen. Bei einigen Techniken bietet es sich auch an, die gefalteten Servietten zwischen schweren Büchern zu pressen.

Laminieren

Interessante Papierverpackungen, Fotos, Postkarten, Zeitungsschnipsel oder Collagen, daraus können Sie in jedem Kopierladen laminieren, d. h. in transparente Folie einschweißen lassen. Ihre Dekoration wird dadurch optisch aufgewertet und haltbarer und widerstandsfähiger gemacht.
Laminatfolie gibt es in unterschiedlichen Stärken (100 g/m^2, 125 g/m^2 und 150 g/m^2) und den Formaten DIN A4 und DIN A3. Soll die Laminierung zu einer Serviettentasche weiterverarbeitet werden, wählen Sie die kleinste Grammatur. Die beiden stärkeren Grammaturen eignen sich für die Herstellung von Tischsets im DIN-A3-Format.

Ösen

Das Ösen ist eine unkomplizierte, aber edle Art, verschiedene Materialien miteinander zu verbinden. Sie bekommen Ösen und Ösenzange in Baumärkten und vielen Stoffgeschäften.
Ösen gibt es in vielen Farben und Stärken (in diesem Buch werden Ösen mit 4 mm ø verwendet).
Es gibt Komplettpackungen mit 50 Ösen und einer einfachen Ösenzange, die für die meisten Basteleien vollkommen ausreicht. Wenn Sie einmal auf den Geschmack gekommen sind und die Ösenzange häufiger verwenden, lohnt sich die Anschaffung einer guten Ösenzange, die eine bessere Hebelwirkung hat und damit Kraft spart.
Und so gehen Sie vor: Lochen Sie die entsprechende Stelle, setzen die Öse in das Loch und drücken sie zusammen, fertig!

Klassisch: Servietten falten

Die gefaltete Stoffserviette – der Klassiker, der nie aus der Mode kommt. Nicht zuletzt durch frische Farben und überraschende Faltideen behaupten diese Servietten ihren Platz als Top-Act der Tischdekoration. Sehen Sie selbst – von Biederkeit keine Spur!

gelingt leicht

Zigarre

- 1 Stoffserviette, 50 x 50 cm
  Banderole, 7 x 20 cm
  Yoshpapier, 4 x 4 cm

1 *Die Serviette von oben und unten zur Mittellinie hin falten. Die vier Ecken vom Mittelpunkt schräg nach außen klappen.*

2 *Die Serviette von der rechten Seite bis zur Mitte aufrollen, festhalten. Diesen Schritt von der anderen Seite wiederholen.*

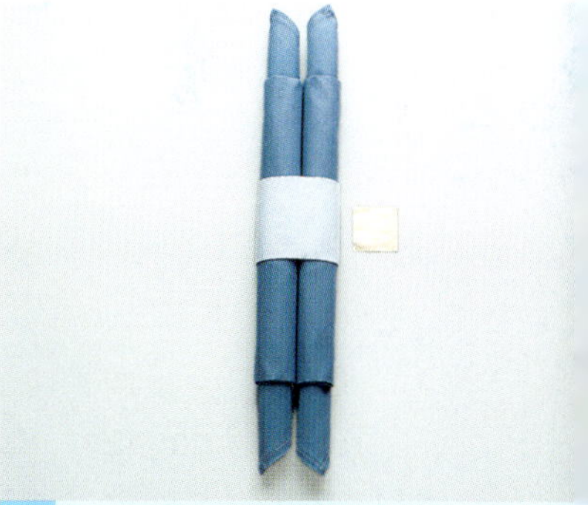

3 *Die Banderole über die Doppelzigarre streifen. Das Yoshpapierquadrat mit Klebstoff darauf befestigen.*

für Geübte | festlich

Lilie

➤ 1 Stoffserviette, 50 x 50 cm

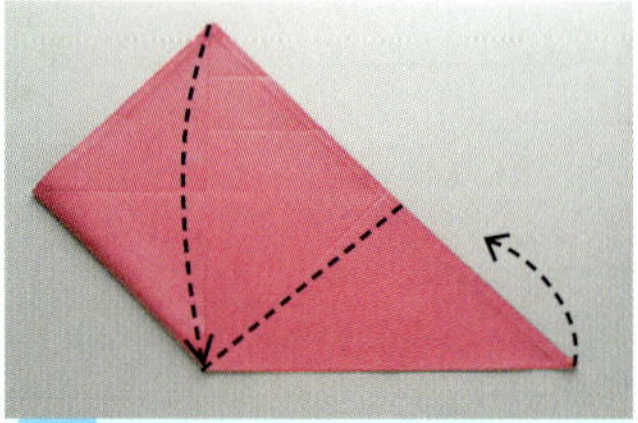

1 *Die Serviette zu einem Dreieck falten, offene Spitze nach oben. Beide Seiten zur Spitze nach oben falten, Spitzen zur Hälfte zurück falten.*

2 *Die geschlossene obere Ecke bis etwa 6 cm über die gedachte Mittellinie nach unten falten.*

3 *Die Spitze nach innen falten und unterschlagen.*

4 *Den oberen Teil bis zur gedachten Mittellinie nach unten klappen.*

5 *Die Serviette wenden und die beiden Spitzen des Stoffwulstes so ineinander stecken, dass es hält.*

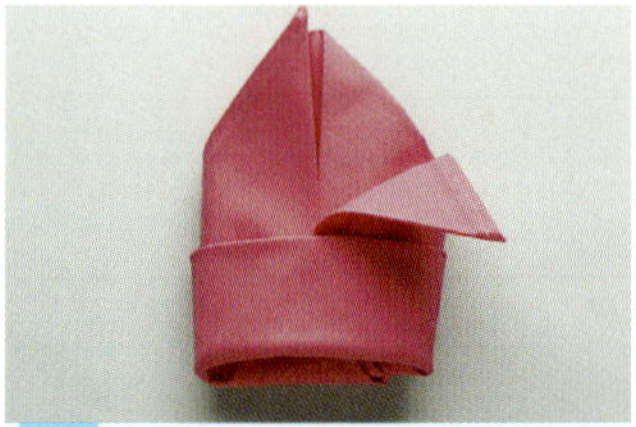

6 *Die Serviette wieder wenden, aufstellen und die beiden Spitzen der äußeren Stoffschicht nach unten ziehen.*

gelingt leicht

Vierzack

- 1 Stoffserviette, 50 x 50 cm

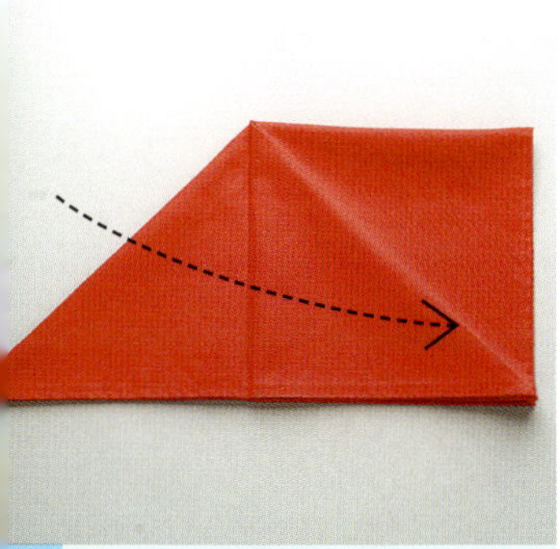

1 *Die Serviette zur Hälfte nach unten falten. Die linke untere Ecke auf die rechte untere legen und das entstandene Dreieck pressen.*

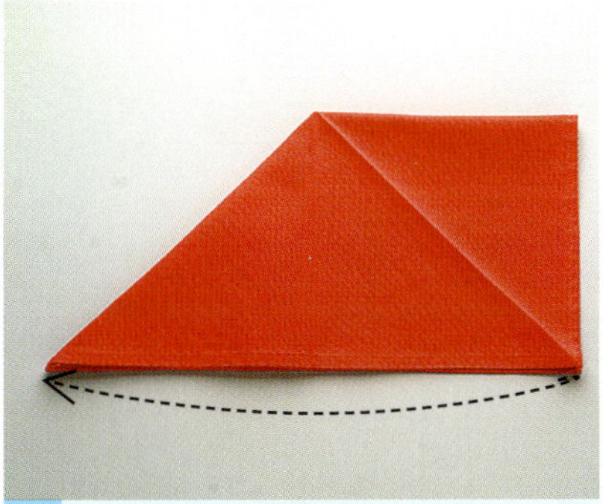

2 *Diesen Teil zurückfalten und darauf achten, dass das Dreieck nach innen klappt.*

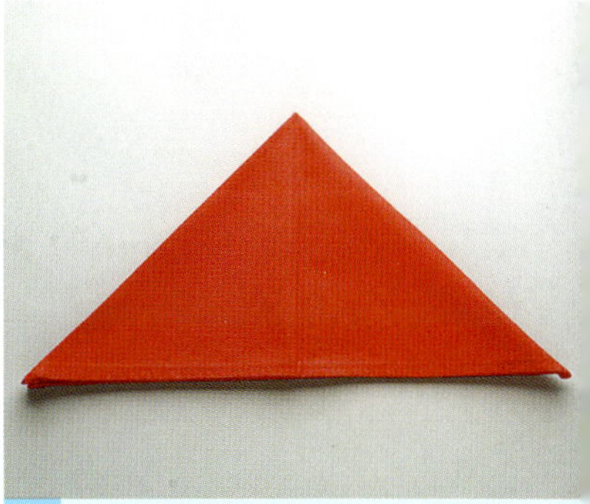

3 *Die rechte untere Ecke auf die linke Spitze legen und die rechte Spitze nach links falten. Pressen und den Vierzack aufstellen.*

für Geübte | raffiniert

Boot

- 1 Stoffserviette, 50 x 50 cm

1 *Die Serviette zweimal zum Quadrat falten. Die geschlossene Ecke nach links oben legen. Die offene Ecke nach oben falten, so dass ein Dreieck entsteht.*

2 *Die linke Seite wie auf dem Foto einschlagen, pressen und zurücklegen. Die Serviette wenden und den Faltschritt auf der Rückseite mit derselben Ecke wiederholen.*

3 *Zum kleinen Quadrat öffnen und wenden. Von unten mit einer Hand gegen den linken, langen Bruch drücken und gleichzeitig mit der anderen den rechten, kurzen Bruch von unten nach oben in Faltrichtung knicken. Gut pressen.*

für Geübte | raffiniert

Blütenknospe

➤ 1 Stoffserviette, 50 x 50 cm

1 *Die Serviette zweimal zum Quadrat falten. Das Quadrat so legen, dass die geschlossene Ecke oben liegt.*

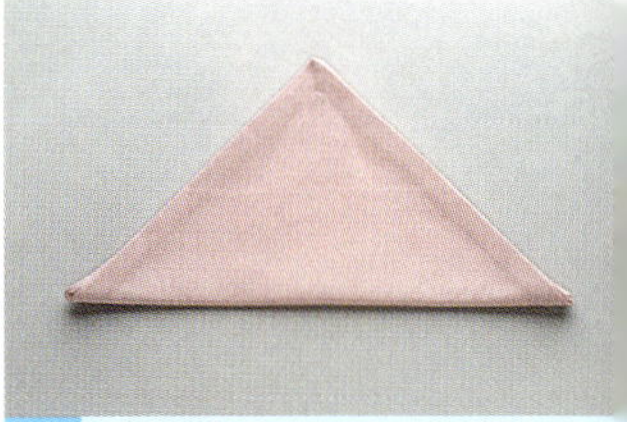

2 *Die untere offene Ecke nach oben falten, so dass ein Dreieck entsteht.*

3 *Die linke und die rechte Außenkante zur Mitte hin einschlagen und gut pressen.*

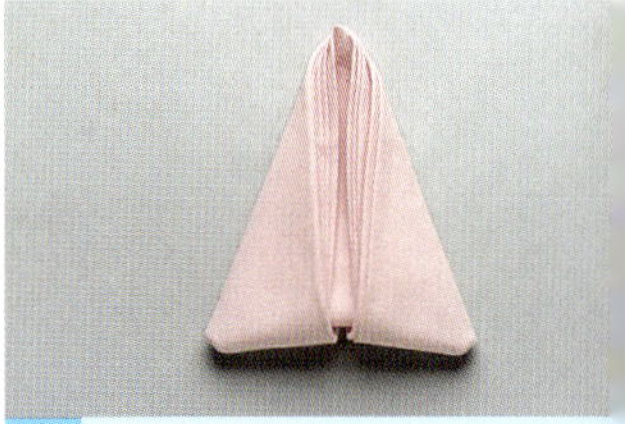

4 *Die beiden unteren Spitzen an der Falzkante nach hinten falten und unterschlagen.*

5 *Die Serviette hoch nehmen und nach hinten mittig zusammenfalten. An der Schmalseite festhalten und pressen.*

6 *Die Stofflagen etwas herausziehen, so dass sie wie die Blütenblätter einer Knospe aussehen.*

gelingt leicht

Bestecktasche

➤ 1 Stoffserviette, 40 x 40 cm

1 *Die obere Kante der Serviette ca. 7 cm nach unten einschlagen. Davon wieder die Hälfte nach oben falten.*

2 *Die Serviette wenden und zur Hälfte nach oben falten, dass die Stofflagen bündig abschließen.*

3 *Die linke und rechte Seite zu je einem Drittel nach innen schlagen und ineinander stecken.*

gelingt leicht

Tüte

- 1 Stoffserviette, 40 x 40 cm
  1 bunte Stecknadel
- Für die Füllung:
  5 Brotringe
  1 gezuckerte Lotuswurzel
  2 Cashewkekse
  rote Melonenkerne

1 *Die Serviette zur Hälfte falten und so legen, dass die offene Seite nach links zeigt.*

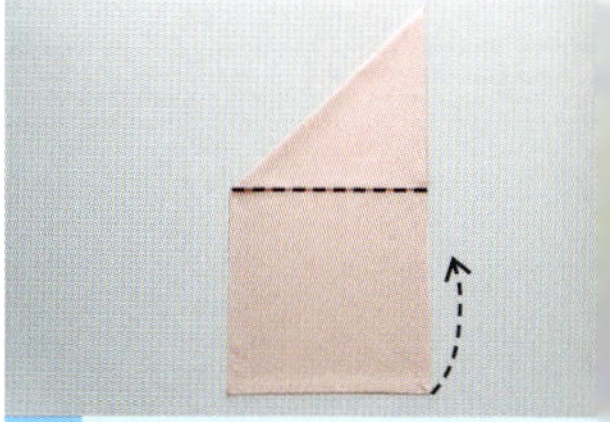

2 *Die obere linke Ecke bis zur Mitte hin einschlagen, dass ein Quadrat mit Dreieck entsteht.*

3 *Das untere Quadrat nach oben über das Dreieck legen.*

4 *Die Serviette wenden, so dass die Tütenöffnung nach links zeigt.*

5 *Das hintere Dreieck über das vordere schlagen und mit der Stecknadel befestigen.*

6 *Die Tüte mit Brotringen, Lotuswurzel, Cashewkeksen und Melonenkernen füllen.*

Klassiker | festlich

Bischofsmütze

➤ 1 Stoffserviette, 50 x 50 cm

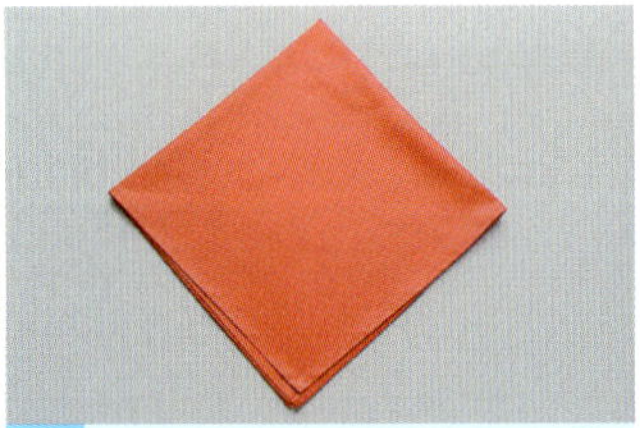

1 *Die Serviette zweimal zur Hälfte falten, so dass ein Quadrat entsteht. Das Quadrat so drehen, dass die offene Ecke nach unten zeigt.*

2 *Die obere Lage zur Hälfte nach oben falten.*

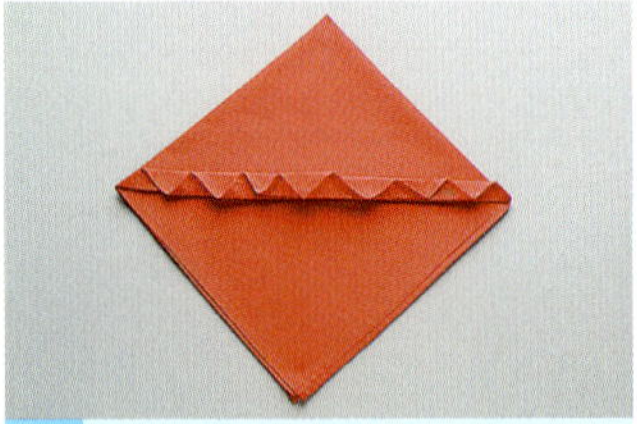

3 *Die obere Lage etwa 1 cm breit ziehharmonikaförmig einfalten.*

4 *Pressen, um 90° drehen und wenden.*

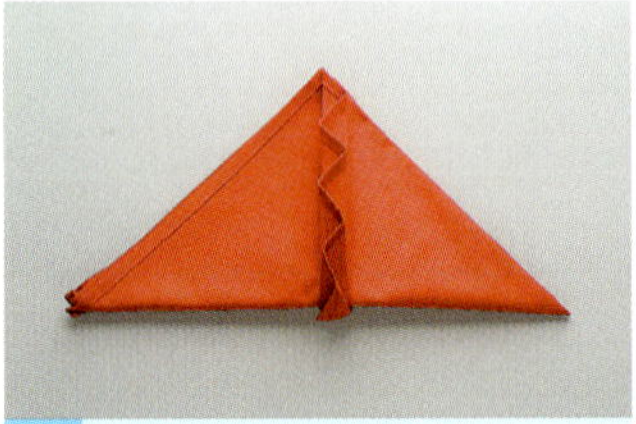

5 *Die untere Ecke des Quadrats zur oberen umschlagen. Dabei fächern sich die Ziehharmonikafalten auf.*

6 *Mit beiden Händen hoch nehmen. Die rechte und die linke Spitze nach hinten führen und ineinander stecken.*

Klassiker | festlich

Spitzenhäubchen

- 1 Stoffserviette, 50 x 50 cm
  2 Ess-Stäbchen

1 *Die Serviette zum Rechteck falten, die offene Seite zeigt nach rechts. Die oberen Ecken wie auf dem Foto zur Mittellinie einfalten.*

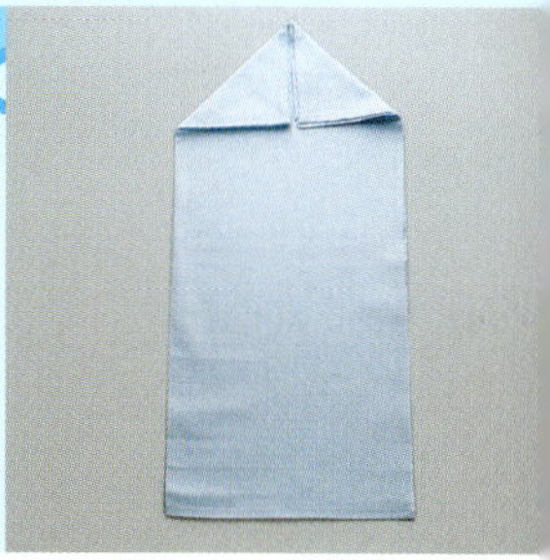

2 *Die entstandene dreieckige Spitze nach unten klappen und pressen.*

3 *Die Serviette wenden. Die beiden oberen Ecken wieder zur Mitte hin falten und gut pressen.*

4 *Von unten in 2 cm breite ziehharmonikaförmige Falten legen und pressen. Das Spitzenhäubchen aufstellen und die Ess-Stäbchen hineinstecken.*

gelingt leicht | raffiniert

Fächer

- 1 Stoffserviette, 50 x 50 cm

1 *Die Serviette einmal zur Hälfte falten, so dass ein Rechteck entsteht. Die Schmalseite zeigt nach unten. Serviette von unten bis knapp zur Hälfte ziehharmonikaförmig in etwa 2 cm breite Falten legen. Gut pressen.*

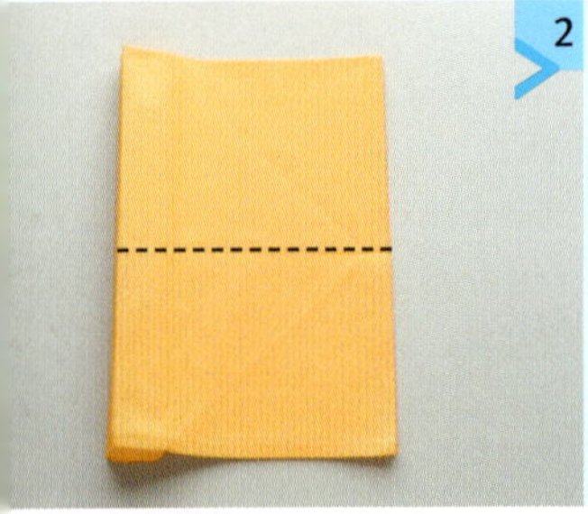

2 *Um 90° nach rechts drehen und wenden – die Ziehharmonika zeigt nach unten.*

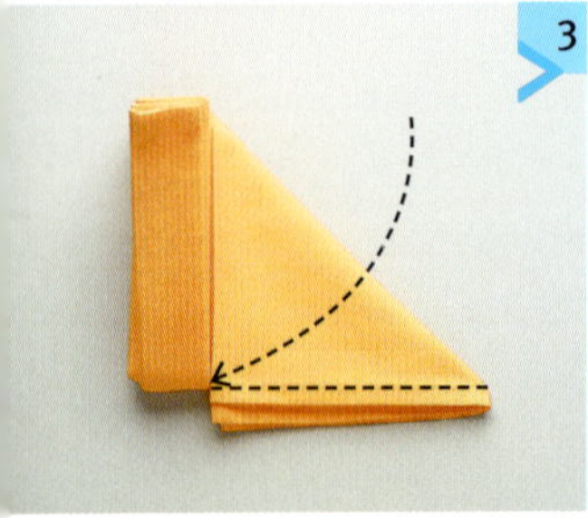

3 *Serviette zur Hälfte nach oben schlagen. Die freie rechte Seite nach unten falten.*

4 *Das überstehende Stück unten nach hinten knicken und gut pressen (auf dem Foto von der Rückseite zu sehen). Den Fächer aufstellen.*

gelingt leicht

Doppeltes Quadrat

- 1 Stoffserviette, 50 x 50 cm

  1 Stück getrockneter Seetang, 6,5 x 6,5 cm

  Yoshpapier, 4,5 x 4,5 cm

  1 schöner Stein

  getrocknete Lychees

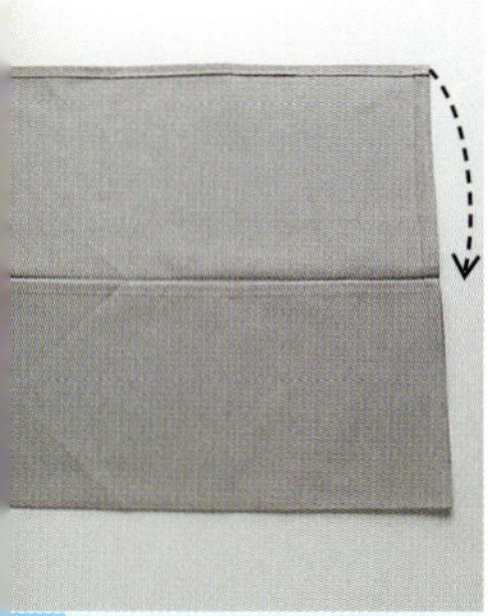

1 *Das untere Drittel der Serviette nach oben falten und das obere Kante auf Kante darauf falten.*

2 *Die linke Hälfte nach unten falten und gut pressen.*

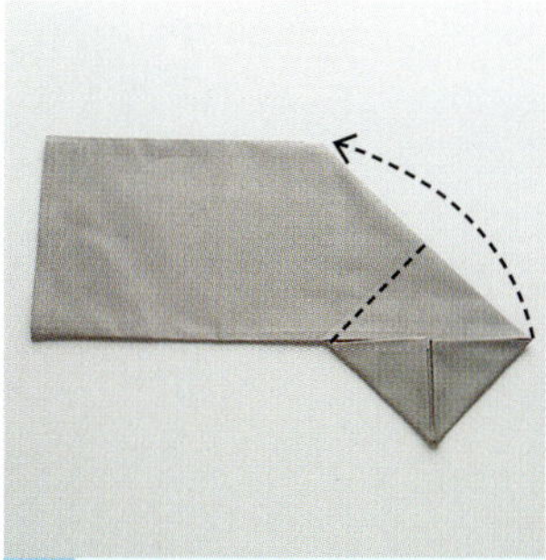

3 *Die Serviette wenden und die beiden Ecken nach oben falten. Den unteren Teil schräg nach links oben falten, so dass ein kleines Quadrat entsteht.*

3 *Den linken Teil nach hinten klappen.*

gelingt leicht | raffiniert

Elegante Besteckütüte

- 1 Stoffserviette, 50 x 50 cm

1 *Die Serviette zur Hälfte nach unten falten. Die linke untere Ecke zur rechten unteren Ecke führen.*

2 *Wenden und wieder die linke untere zur rechten Ecke legen. Alle Kanten gut pressen.*

3 *Die seitlichen Spitzen nach innen schlagen und so ineinander stecken, dass es hält.*

raffiniert

Schnabel

➤ 1 Stoffserviette, 50 x 50 cm

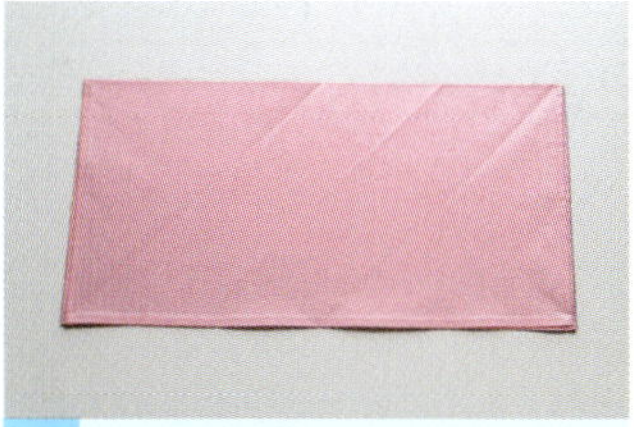

1 *Die Serviette zu einem Rechteck falten. Die offene Seite zeigt nach unten.*

2 *Die obere linke Ecke zur Unterkante, die untere rechte Ecke zur Oberkante falten.*

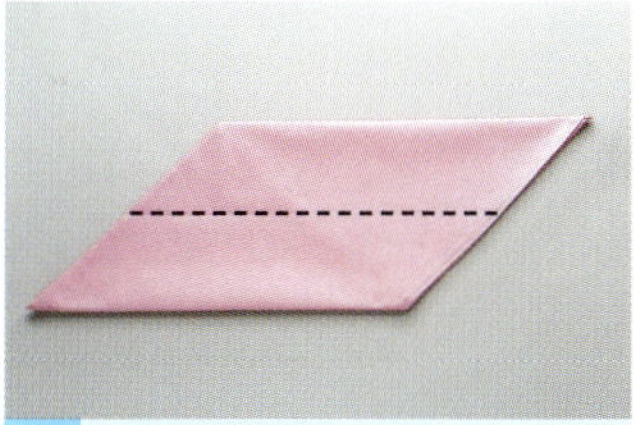

3 *Die Serviette wenden, so dass die obere rechte Ecke unten links liegt. Zur Hälfte nach unten falten.*

4 *Links oben wird eine kleine dreieckige Serviettenspitze sichtbar.*

5 *Das nach hinten gefaltete Dreieck rechts nach oben klappen.*

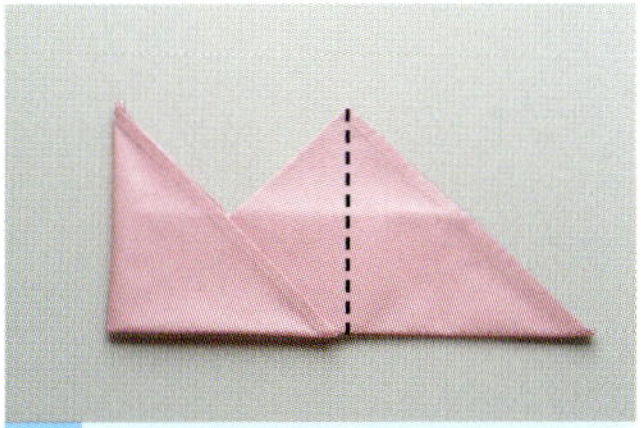

6 *Die linke Seite zu zwei Dritteln nach rechts falten. Die rechte Seite nach hinten falten und ineinander stecken.*

für Geübte | raffiniert

Artischocke

- 1 Stoffserviette, 50 x 50 cm
  1 Banderole, 5 x 15 cm

1 *Die Serviette mit der linken Seite nach oben legen, die obere Kante ca. 12 cm nach unten und die untere Kante ca. 16 cm nach oben einklappen.*

2 *Von der linken Seite aus eine Ziehharmonika falten. Mit dem Bügeleisen pressen, damit scharfe Knicke entstehen.*

3 *Die Serviette in die Hand nehmen und zuerst die innen liegenden Ecken der unteren Lage, danach die äußeren Ecken der oberen Lage nach unten ziehen. Über das untere Ende die Banderole schieben.*

gelingt leicht

Eierwärmer

- 1 Stoffserviette, 50 x 50 cm
  1 bunte Stecknadel

1 *Die Serviette dreimal ziehharmonikaförmig so zur Mitte falten, dass die einzelnen Lagen nach oben höher werden und sichtbar sind.*

2 *Die Serviette wenden. Erst links, dann rechts ein Drittel einschlagen und die Ziehharmonikafalten so ineinander stecken und pressen, dass es hält.*

3 *Serviette von oben etwa 10 cm nach unten falten.*

4 *Serviette wenden und den umgefalteten Teil zur Hälfte einschlagen und mit der Stecknadel feststecken. Den Eierwärmer über das Ei stülpen.*

Schnell und leicht: Servietten gestalten

Selbst einfache Servietten werden durch raffinierte Gestaltung zu echten Hinguckern, schöne Servietten werden durch etwas Schmuck noch schöner. Mit wenigen Handgriffen und ohne großen Aufwand. Mit Materialien, die bereits das Menü erahnen lassen, oder kleinen Fundstücken, die perfekt zur Jahreszeit passen oder auf den Anlass einstimmen.

gelingt leicht

Geschenkverpackung

- 1 kleines Geschenk
- 1 Schachtel, 10 x 10 x 3 cm
- 1 Serviette, 40 x 40 cm
- orangefarbener Filz, 8 x 35 cm
- 1 m schmales, gelbes Geschenkband
- rosafarbener Filz, 6,5 x 6,5 cm
- Klebstoff
- 1 Weihnachtsbaumvögelchen
- 1 Plastikblüte

1 *Das Geschenk in die Schachtel legen und verschließen. Die Schachtel in die Serviette einpacken.*

2 *Das orangefarbene Filzband um die eingepackte Schachtel wickeln. Einige Male mit dem gelben Geschenkband umwinden und verknoten.*

3 *Das rosafarbene Filzquadrat mittig darauf festkleben. Das Vögelchen an der Blüte befestigen und beides auf das Filzquadrat kleben.*

asiatisch | gelingt leicht

Serviette mit essbarem Anhänger

- **grauer Stoff, 15 x 25 cm**
- **1 Serviette, 50 x 50 cm**
- **Nähnadel + Faden**
- **2 Scheiben gezuckerte Lotuswurzel**
- **1 Zimtstange**
- **1 kleiner Brotring**
- **40 cm Kordel**
- **1 Stück getrockneter Seetang, 5 x 5 cm**
- **1 bunte Stecknadel**

1 | Den grauen Stoff so falten, dass ein 5 cm breiter und 25 cm langer Streifen entsteht. Mit dem Bügeleisen glatt pressen.

2 | Die Serviette zur Mitte und zum Quadrat falten, die geschlossene Ecke nach rechts oben legen. Die offene Seite links einschlagen, die rechte Seite darüber legen. Den grauen Stoffstreifen als Banderole mittig um die Serviette legen. Die Banderole auf der Rückseite mit ein paar Stichen zusammennähen.

3 | Die Lotuswurzelscheiben, die Zimtstange und den Brotring auf die Kordel ziehen und verknoten.

4 | Den Seetang auf der Banderole platzieren. Die Kordel mit den essbaren Anhängern großzügig darauf drapieren und mit der Stecknadel befestigen.

gelingt leicht

Serviette mit Steinanhänger

- **1 Serviette, 50 x 50 cm**
- **hellblauer Stoff, 10 x 60 cm**
- **Klebstoff**
- **1 Stein mit Loch**
- **4 flache runde Perlen**
- **1 Alu-Ziffer**
- **etwa 1 m Nylonfaden (0,3 mm Ø)**
- **1 Büroklammer**
- **3 getrocknete Pflaumen**
- **20 rote Melonenkerne**

1 | Die Serviette einmal zur Hälfte falten. Das linke Drittel einschlagen, das rechte Drittel darüber legen, umdrehen.

2 | Den hellblauen Stoff so nach innen falten, dass ein 5 cm breiter und 60 cm langer Streifen entsteht. Mit dem Bügeleisen glatt pressen.

3 | Den Stoffstreifen längs als Banderole um die Serviette legen. Die Banderole auf der Rückseite zusammenkleben.

4 | Den Stein, die Perlen und die Alu-Ziffer auf ein Stück Nylonfaden aufziehen und verknoten. Die Pflaumen und die Melonenkerne auf ein weiteres Stück Nylonfaden aufziehen und verknoten.

5 | Beide Ketten an der Büroklammer befestigen. Die Büroklammer an die Banderole heften.

TIPP

Damit die Alu-Ziffer besser hält, können Sie sie auch an die oberste Perle kleben.

gelingt leicht

Serviette mit Kreuz & Blüte

- **1 Serviette, 50 x 50 cm**
  roter Filz, 14 x 14 cm
  Klebstoff
  hellroter Filz, 6 x 6 cm
  rosafarbener Filz, 6 x 6 cm
  orangefarbener Filz, 8 x 8 cm
  gelber Filz, 8 x 8 cm
  Nähnadel + Faden

1 | Die Serviette zu einem Quadrat von 25 x 25 cm falten.

2 | Aus dem roten Filz ein Kreuz schneiden, mittig auf der Serviette platzieren und festkleben oder -nähen.

3 | Aus den 4 verschiedenfarbigen Filzstücken je ein Blütenblatt schneiden.

4 | Die kleineren Blütenblätter aneinanderlegen. Unten zusammenfassen, damit sie sich leicht nach oben wölben. Die beiden größeren Blütenblätter um die kleineren legen und die Blüte zusammennähen.

5 | Die Blüte mit einigen Stichen auf das rote Kreuz nähen.

gelingt leicht

Geschmückter Rand

- **Filzreste in Pink, Lila und Rot, ca. 3,5 x 5 cm**
  5 pinkfarbene Quasten
  5 rote Quasten
  1 Serviette, 50 x 50 cm
  Nähnadel + Faden
  20 Pailletten in Pink, Rot und Orange
  20 Glasperlen in Pink, Rot und Orange
  5 pinkfarbene Glitzerblüten

1 | Aus dem Filz Rechtecke von unterschiedlicher Größe schneiden.

2 | Abwechselnd – auch farblich – Filzrechtecke und Quasten auf der Unterseite des Serviettenrandes anordnen und festnähen.

3 | Die Pailletten und Glasperlen dekorativ verteilt auf die Serviette nähen.

4 | Die Glitzerblüten an den Serviettenrand nähen.

5 | Die Serviette so falten, dass der geschmückte Rand gut zur Geltung kommt.

TIPP
Sie können auch nur die nach dem Falten sichtbare Serviettenseite mit Perlen und Pailletten besticken. Dazu benötigen Sie natürlich entsprechend weniger Material.

im Bild vorne: **Geschmückter Rand** *im Bild hinten:* **Serviette mit Kreuz & Blüte** ➤

gelingt leicht

Serviette mit Papiercollage

- Papierschnipsel, Bildchen und Ausrisse (ergeben eine Mini-Collage von 5 x 6 cm)
- Klebstoff
- Nähnadel + Faden
- 1 Serviette, 40 x 40 cm
- 1 Metallbuchstabe
- 1 Knopf
- 1 Stück Silberpapier, 2 x 2 cm
- 1 kleines Plastikpüppchen (wahlweise ein kleiner Putto, siehe Foto)
- 1 Stück Transparentpapier, 4 x 4 cm
- wasserfester Stift

1 | Aus den Papierschnipseln, Bildchen und Ausrissen eine kleine Collage zusammenkleben, die auf die Serviette passt.

2 | Die Collage mit ein paar Stichen auf der zusammengelegten Serviette befestigen.

3 | Den Metallbuchstaben (beispielsweise die Initiale des Gastes) und das Plastikpüppchen auf die Serviette nähen.

4 | Den Knopf auf das Silberpapier kleben, beides auf die Serviette nähen.

5 | Das Transparentpapier beschriften (beispielsweise mit der Menüfolge) und auf die Serviette nähen.

gelingt leicht

Serviette mit Spiegelchen

- grauer Filz, 10 x 20 cm
- 10 kleine Spiegelchen (2,5 cm Ø)
- Klebstoff
- 1 Serviette, 50 x 50 cm
- Nähnadel + grauer Faden
- 10 durchsichtige Glasperlen

1 | Aus dem Filz kleine Ovale von 3,5 x 4 cm schneiden. Aus diesen Filzovalen 1,5 x 2,5 cm kleine Ovale herausschneiden, so dass ovale Filzringe entstehen.

2 | Die Filzringe als Rahmen auf die Spiegelchen kleben. Über die Serviette verteilen und jeweils mit ein paar Stichen darauf befestigen.

3 | Die Glasperlen dekorativ dazwischen anordnen und festnähen.

TIPP

Damit die Filzringe optimal gelingen, zeichnen Sie sie am besten mit einem Stift vor und greifen erst dann zur Schere!

im Bild links: **Serviette mit Spiegelchen** *im Bild rechts:* **Serviette mit Papiercollage** ➤

marinierte scampi
blattsalat mit muscheln
und paprikavinaigrette
lammfilet in kräuter
orangen_mangokaramel
mit champagnersahne

gelingt leicht

Papierschnipsel-Serviette

- doppelseitiges, transparentes Klebeband, 1 x 50 cm
  1 Serviette, 50 x 50 cm
  bunte Papierschnipsel
  verschiedenfarbige, schmale Geschenkbänder
  50 cm orangefarbenes Fransenband

1 | Das doppelseitige Klebeband so auf der Serviettenrückseite am Rand befestigen, dass man es von beiden Seiten bekleben kann.

2 | Die Papierschnipsel jeweils auf die Größe von 2 x 4 cm zuschneiden. Die Rechtecke farblich abwechselnd so auf dem Klebeband andrücken, dass ein bunter Papierfransenrand entsteht. Dabei ein paar Lücken lassen für etwas längere Fransen aus buntem Geschenkband.

3 | Die Geschenkbänder in 7 cm lange Stücke schneiden und zwischen die Papierfransen kleben.

4 | Das orangefarbene Fransenband von oben auf die Serviettenkante kleben.

TIPP

Für die Papierschnipsel-Serviette können Sie sowohl Papier- als auch Stoffservietten verwenden. Der Schnipselrand lässt sich nach dem Fest von den Stoffservietten problemlos wieder entfernen.

schnell

Abreißbare Serviette

- 20 verschiedenfarbige Papierservietten
  1 Locher
  1 m Kordel

1 | Die Papierservietten längs zur Hälfte falten.

2 | Die Papierservietten oben an der Schmalseite mittig lochen. Dabei darauf achten, dass dies möglichst nah am Rand geschieht, damit sich die Servietten später möglichst einfach und problemlos abreißen lassen.

3 | Die gelochten Servietten in buntem Farbwechsel auf die Kordel ziehen und so verknoten, dass Sie das Abreiß-Bündel gut aufhängen können.

TIPPS

Sie können die Papierservietten auch diagonal falten und in einer Ecke lochen. Die abreißbaren Servietten bieten sich z. B. für Feste mit Ländermotto an: Fädeln Sie abwechselnd weiße und blaue Papierservietten für ein bayerisches, gelbe und rote für ein spanisches oder blaue, weiße und rote für ein französisches Fest auf.

raphaël

schnell

Serviette mit Astschmuck

- 1 Serviette, 50 x 50 cm
  Geschenkpapier, 5 x 20 cm
  Klebstoff
  50 cm Kordel
  2 Äste (30 cm lang, etwa 1 cm Ø)

1 | Die Serviette zur Mitte falten und aufrollen.

2 | Die Serviette mit dem Geschenkpapier umwickeln und an der Rückseite zusammenkleben.

3 | Einen Ast vorne zwischen Serviette und Banderole schieben, den anderen Ast hinten.

4 | Die Banderole mit der Kordel umwickeln.

5 | Die Äste oben und unten mit der Kordel umwickeln und verknoten.

TIPP Verwenden Sie Äste mit saisontypischen Blüten und Blättern.

gelingt leicht

Duftsäckchen

FÜR 1 DUFTSÄCKCHEN

- Packpapier, 8 x 18 cm
  Nähnadel + Faden
  getrocknete Gewürze (z. B. Ingwer, Anissamen, Korianderkörner, Nelken)
  50 cm Kordel
  Klebstoff
  1 Serviette, 50 x 50 cm
  1 Zettel, 6 x 6 cm
  Stift

1 | Das Packpapier zweimal falten, so dass ein Viereck von 6 x 8 cm entsteht.

2 | An den beiden längeren und einer kurzen Seite zusammennähen.

3 | An der noch offenen vierten Seite einen 2 cm breiten Streifen falten und wie die Lasche eines Briefumschlags umklappen.

4 | Mit der Nähnadel viele kleine Löcher hineinstechen, damit sich die Gewürzdüfte gut entfalten können.

5 | Jeweils 2 Umschläge pro Serviette mit Gewürzen füllen und die Kordel durch die Umschlaglaschen ziehen.

6 | Die Laschen mit Klebstoff verschließen und die Kordel mit den Gewürzsäckchen dran seitlich mit ein paar Stichen an der Serviette befestigen.

7 | Den Zettel mit dem Namen des Gastes beschriften und zwischen die Säckchen stecken.

TIPP Natürlich können Sie auch entsprechend große Papiertüten fertig kaufen. Variieren Sie die Gewürzauswahl ganz nach Ihrem Geschmack, dem Anlass oder dem Menü.

gelingt leicht

Servietten-Leine

- 1 m Kordel
  1 Serviette, 50 x 50 cm
  Transparentpapier, 9 x 25 cm
  Paintmarker (weiß)
  20 getrocknete Chilis
  Nähnadel
  50 cm Nylonfaden (0,3 mm Ø)
  Geschenkpapier, 16 x 20 cm
  1 Wäscheklammer

1 | Die Kordel so an der Rückenlehne des Stuhles befestigen, dass sie etwas durchhängt.

2 | Die Serviette zur Mitte falten und längs darüber hängen.

3 | Das Transparentpapier mit dem Paintmarker beschriften, z. B. mit dem Menü.

4 | Die Chilis auf den Nylonfaden aufziehen.

5 | Das Transparentpapier auf das Geschenkpapier legen und beides mit der Wäscheklammer über die Serviette an die Kordel klemmen.

6 | Die Chilikette darüber drapieren.

nostalgisch

Poesiebild-Collage

- 1 Serviette, 50 x 50 cm
  1 Poesiebild, 8 x 15 cm
  Nähnadel + Faden
  3 kleine Plastikblätter
  je 15 grüne Pailletten und Glasperlen

1 | Die Serviette dreimal zur Mitte, zum Quadrat und zum Rechteck falten.

2 | Das Poesiebild mit einigen Stichen auf der Serviette befestigen.

3 | Die Plastikblätter unter den Rand des Poesiebildes stecken und festnähen.

4 | Die Pailletten und Glasperlen dekorativ über die Serviette verteilt anordnen und annähen.

TIPP

Statt Poesiebildern können Sie auch Blumenbilder im Copyshop farbkopieren, ausschneiden und auf die Serviette nähen oder kleben.

im Bild vorne: **Servietten-Leine** *im Bild hinten:* **Poesiebild-Collage**

SALAT MIT WALNUSS VINAIGRETTE
FISCH TERRINE
GRANAT APFEL SUPPE

gelingt leicht

Papierschnittmuster 1

- 1 Serviette, 50 x 50 cm
- Pergaminpapier in 3 Blautönen, jeweils 8 x 8 cm
- Nähnadel + Faden
- jeweils 50 cm orangefarbenes und rotes Geschenkband
- 1 Stück Goldpapier, 3 x 3 cm
- Klebstoff

1 | Die Serviette gedrittelt falten.

2 | Die Pergaminquadrate zweimal quer und einmal diagonal falten. Mit der Schere kleine Muster und Figuren ausschneiden.

3 | Die Pergaminquadrate auseinander falten und glatt streichen oder nach dem Auseinanderfalten glatt bügeln.

4 | Die Pergaminquadrate zu einem Band zusammenkleben und mit einigen Stichen mittig auf die Serviette nähen.

5 | Die Serviette längs mit den beiden Geschenkbändern umwickeln und verknoten.

6 | Das Goldpapierquadrat mittig auf die Bänder kleben.

gelingt leicht

Papierschnittmuster 2

- Transparentpapier, 17 x 32 cm
- je eine hellblaue, hellgrüne und dunkelblaue Papierserviette
- Kunstgras, 15 x 19 cm
- Ösenzange | 1 Silberöse
- 1 Glitzerblüte
- Klebstoff
- wasserfester Stift, schwarz
- 1 Bund grüner Raffia Bast

1 | Das Transparentpapier von der Schmalseite 11 cm umklappen und die beiden Seiten zusammen kleben, so dass eine Tasche entsteht.

2 | Die hellblaue Serviette auf 12 x 12 cm schneiden.

3 | Die grüne Serviette auf 11 x 11 cm schneiden.

4 | Die dunkelblaue Serviette auf 8 x 10 cm schneiden.

5 | Alle Servietten übereinander an den oberen Rand des Kunstgrases legen. Mit der Ösenzange lochen und die Öse eindrücken. Die Glitzerblüte auf die Öse kleben.

6 | Dieses Serviettenbündel in den Transparentumschlag stecken.

7 | Den Transparentumschlag mit dem wasserfesten Stift beschriften.

8 | Den grünen Raffia-Bast hineindrapieren.

TIPP

Sie können dafür auch gekaufte Transparentumschläge verwenden, die es in den unterschiedlichsten Farben gibt. Selbstverständlich können Sie den Umschlag auch – falls Ihnen Computer und Drucker zur Verfügung stehen – bedrucken.

im Bild vorne: **Papierschnittmuster 2** *im Bild hinten:* **Papierschnittmuster 1** ➤

pure morning

Radicchiosalat
mit Blütenessig
Gemüseragout
mit rotem Pfeffer
Orangenkuchen
in Sirup
menü
cherry peppers sott'olio
red snapper mit chilisauce
grapefruittarte
beerensorbet

gelingt leicht

Serviette mit Menükarte in der Box

- 1 Schachtel, 12 x 12 x 5 cm (fertig gekauft)
  hellblaue Plakafarbe
  Pinsel
  ein schönes, buntes Bild
  Silberpapier, 8,5 x 10,5 cm
  Klebstoff
  schwarzer Stift
  helles Transparentpapier, 5 x 20 cm
  hellblaues Transparentpapier, 8 x 20 cm
  1 Serviette, 50 x 50 cm
  Nähnadel + Faden

1 | Die Schachtel mit der hellblauen Plakafarbe bemalen und trocknen lassen.

2 | Die Abbildung ausschneiden und auf das Silberpapier kleben.

3 | Das Silberpapier auf die bemalte Schachtel kleben.

4 | Das Menü mit dem schwarzen Stift auf das helle Transparentpapier schreiben.

5 | Das beschriftete Papier mittig auf das hellblaue Transparentpapier kleben.

6 | Die Serviette so falten, dass sie in die Box passt. Die Menükarte mit jeweils einem Stich an jeder Seite festnähen.

gelingt leicht

Serviette mit angehefteter Menükarte

- 1 Serviette, 50 x 50 cm
  2 Streifen Transparentpapier, je 5 x 30 cm
  wasserfester Stift
  1 schöne, bunte Abbildung
  Nähnadel + Faden
  Ösenzange | 2 Silberösen
  2 Räucherstäbchen

1 | Die Serviette zur Mitte und dreimal zum schmalen Rechteck falten.

2 | Ein Transparentpapier mit dem Menüplan beschriften.

3 | Die Abbildung ausschneiden und mit einigen Stichen an die Serviette nähen.

4 | Den unbeschriebenen Transparentpapierstreifen längs unter die Serviette, die Menükarte auf die Serviette legen.

5 | Die Papierenden mit der Ösenzange lochen und die Ösen hineindrücken.

6 | Die Räucherstäbchen unter die Papierbanderole schieben.

im Bild vorne: **Serviette mit angehefteter Menükarte** *im Bild hinten:* **Serviette mit Menükarte in der Box**

Raffiniert: Servietten verpacken

Mit einfachen, aber wirkungsvollen Mitteln werden hier Servietten verpackt und erst so richtig veredelt. Ohne große Bastelkenntnisse können Sie Ihren Servietten einen großen Auftritt bereiten, der den Eventcharakter Ihres Menüs schon vor dem ersten Gang unterstreicht.

gelingt leicht

Perlenkette

- 1 Serviette, 50 x 50 cm
  14 naturfarbene Tonperlen (1,5 cm Ø)
  7 flache Perlmuttperlen (2 cm Ø)
  1 flache Perlmuttperle (3 cm Ø)
  60 cm Kordel
  kleines Bündel mit 6 Chilischoten

1 *Die Serviette aufrollen. Die Perlen so auf die Kordel aufziehen, dass sich 2 Tonperlen mit je 1 kleinen Perlmuttperle abwechseln.*

2 *Als Abschluss die große Perlmuttperle aufziehen und die Kordel verknoten.*

3 *Die Perlenkette mittig um die Serviette wickeln und das Chilischotenbündel unter die Kette schieben.*

gelingt leicht

Essbare Banderole

- je 20 cm orangefarbenes, rotes und pinkfarbenes Fransenband
  roter Filz, 4,5 x 20 cm
  Nähnadel + roter Faden
  1 Serviette, 50 x 50 cm
  30 g getrocknete rote Lychees
  30 cm Nylonfaden (0,3 mm Ø)
  1 Silberperle
  1 orangefarbener Reiscracker

1 | Die Fransenbänder an den Rand des roten Filzes nähen.

2 | Den roten Filz um die schmal zusammengefaltete Serviette wickeln und hinten mit ein paar Stichen zusammennähen.

3 | Die Lychees auf den Nylonfaden aufziehen, dabei die Silberperle in der Mitte platzieren.

4 | Die Lycheekette verknoten und um die Banderole wickeln.

5 | Zwischen Filz und Kette den orangefarbenen Cracker drapieren.

schnell

Blüten-Kräuter-Ring

- 1 Serviette, 50 x 50 cm
  türkisfarbener Filz, 4 x 20 cm
  Nähnadel + Faden
  50 cm Silberdraht (1 mm Ø)
  1 Papierblüte
  nach Belieben: frische Blüten und Kräuterzweige

1 | Die Serviette einmal zur Hälfte falten und schmal aufrollen.

2 | Den Filzstreifen um die Serviette wickeln und auf der Rückseite mit ein paar Stichen zusammennähen.

3 | Den Silberdraht mehrfach um die Banderole wickeln und verknoten.

4 | Die Papierblüte, die frischen Kräuter und Blüten dazwischenstecken.

TIPP

Selbstverständlich können Sie statt der frischen Blüten auch Plastikblüten verwenden, die länger haltbar sind.

im Bild vorne: **Essbare Banderole** *im Bild hinten:* **Blüten-Kräuter-Ring**

preiswert

Ring aus Zweigen

- 1 Serviette, 50 x 50 cm
  60 dünne getrocknete Zweige, je ca. 7 cm lang
  1 m Blumendraht

1 | Die Serviette zur Mitte falten und zweimal zusammenlegen.

2 | Den ersten Zweig ein paar Mal mittig mit dem Blumendraht umwickeln.

3 | Den nächsten Zweig daneben ansetzen und einmal umwickeln. So mit allen Zweigen verfahren, bis ein Streifen aus Zweigen entsteht.

4 | Den Streifen zu einem Ring formen und mit dem Blumendraht befestigen.

5 | Die Serviette in den Ring aus Zweigen stecken.

gelingt leicht

Postkartentasche

- 2 Postkarten
  Klebstoff
  Ösenzange
  2 Silberösen
  1 Serviette, 50 x 50 cm

1 | Die Postkarten im Kopierladen auf eine Größe von 14 x 19 cm farbkopieren lassen.

2 | Die beiden Vergrößerungen – je nach Motiv im Längs- oder Querformat – unten jeweils um 1 cm nach hinten knicken.

3 | Die geknickten Streifen aufeinander legen und zusammenkleben, so dass eine beidseitig bedruckte Tasche entsteht.

4 | Die noch offene Tasche aufstellen, an den Seiten zusammenhalten und jeweils etwa in der Mitte mit der Ösenzange lochen. Die Silberösen hineinstecken und zusammendrücken.

5 | Die Postkartentasche aufstellen und die entsprechend gefaltete Serviette hineindrapieren.

gelingt leicht

Filztasche

- grau-brauner Filz, 13 x 43 cm
  Nähnadel + Faden
  weiß-silberfarbenes Yoshpapier, 4,5 x 5 cm
  Klebstoff
  1 blütenförmige Silberperle
  1 grüne Perlmuttperle
  Ösenzange
  1 Silberöse
  50 cm schmales grünes Gummiband
  4 kleine rote Perlen an Fäden

1 | Den Filz mit der langen Seite so übereinander legen, dass die untere Seite um 15 cm übersteht. Die Längsseiten zusammennähen.

2 | Das Yoshpapier am oberen Rand der Tasche mittig festkleben. Die blütenförmige Silberperle und die Perlmuttperle mittig aufnähen.

3 | Die hintere Lasche in der Mitte mit der Ösenzange lochen und die Öse hineindrücken. Das Gummiband durch die Öse ziehen und verknoten.

4 | Die Tasche schließen und mit dem Gummiband umwickeln.

5 | Die roten Perlen an Fäden an die blütenförmige Silberperle verknoten.

gelingt leicht

Croissant-Filzband

- dunkelgrauer Filz, 16 x 30 cm
  graubrauner Filz, 14 x 28 cm
  Klebstoff
  1 Silberöse
  Ösenzange
  50 cm Schnur
  1 naturfarbene Leinenserviette, 50 x 50 cm
  1 dunkles Räucherstäbchen
  2 Perlhuhnfedern

1 | Aus dem dunkelgrauen Filz ein Dreieck von 30 cm Höhe und 16 cm unterer Kantenlänge schneiden, aus dem graubraunen Filz eines von 28 cm Höhe und 14 cm unterer Seitenlänge.

2 | Das kleinere Filzdreieck mittig so auf das größere kleben, dass ein 1 cm breiter Rand des andersfarbigen Filzes zu sehen ist.

3 | An der oberen Spitze des Filzdreiecks die Silberöse mit Hilfe der Ösenzange anbringen. Die Schnur durch die Öse ziehen und verknoten.

4 | Die Serviette zur Mitte falten und aufrollen. Das Filzdreieck mittig – von der Langseite zur Spitze hin – als Banderole um die Serviette wickeln, mit der Schnur umwickeln und festbinden.

5 | Die Banderole mit dem Räucherstäbchen und den Federn schmücken.

im Bild links: **Filztasche** *im Bild rechts:* **Croissant-Filzband**

schnell

Alufolienfigur

- 1 Serviette, 50 x 50 cm
  50 cm Silberdraht
  5 Streifen Alufolie, je 10 cm breit
  1 Plastikblüte mit Stiel

1 | Die Serviette einmal zur Hälfte falten und schmal aufrollen.

2 | Den Silberdraht mehrmals um die Serviette wickeln, so dass ein Ring entsteht. Dabei ein Drahtende nach oben stehen lassen – daran wird später die Alufigur befestigt.

3 | Die Alustreifen jeweils fest zusammendrehen, dass daraus kordelartige Gebilde entstehen.

4 | Die »Alukordeln« dekorativ verbiegen und zu kurvigen Ornamenten drehen.

5 | Die 5 Gebilde an einem Ende zusammenfassen, zusammendrehen und mit dem Silberdrahtende am Ring befestigen.

6 | Die Plastikblüte zwischen Ring und Serviette schieben.

gelingt leicht

Papierumschlag

- 2 Stück blaugrauer Fotokarton, 16 x 16 cm
  Nähnadel + hellblauer Faden
  1 Alu-Ziffer
  Klebstoff
  1 Silberperle
  1 Serviette, 50 x 50 cm

1 | Die beiden Fotokartonquadrate aufeinander legen und an drei Seiten mit groben Stichen zusammennähen, so dass ein tütenförmiger Umschlag entsteht.

2 | Die Alu-Ziffer mit etwas Klebstoff bestreichen und auf den Umschlag kleben.

3 | Die Silberperle (glatt oder wie auf dem Bild blütenförmig) daneben platzieren und festkleben.

4 | Die Serviette entsprechend falten und in den Umschlag stecken.

TIPPS

In Blaugrau wirkt der Papierumschlag eher edel, andere, z. B. Neonfarben geben dem Ganzen eine poppige Note. Statt Ziffern können Sie natürlich auch Alu-Buchstaben verwenden.

im Bild vorne: **Alufolienfigur** *im Bild hinten:* **Papierumschlag**

gelingt leicht

Typo-Frittentüte

- **1 Viertelkreis mit ca. 25 cm Kantenlänge, betextetes Papier**
- **Klebstoff**
- **1 Viertelkreis mit ca. 25 cm Kantenlänge, schwarz-weißes Geschenkpapier**
- **Locher**
- **50 cm Gummiband**
- **1 Serviette, 50 x 50 cm**

1 | Das beschriftete Papier in einem Kopierladen auf durchsichtige, 100 g schwere Folie kopieren lassen.

2 | Die Folie zu einem Viertelkreis von 25 cm Kantenlänge ausschneiden und zu einer Tüte zusammendrehen. Die Nahtstelle mit Klebstoff zusammenkleben.

3 | Das Geschenkpapier ebenfalls zu einem Viertelkreis von 25 cm Kantenlänge ausschneiden, zur Tüte drehen und zusammenkleben.

4 | Die schwarz-weiße Geschenkpapiertüte in die durchsichtige Typo-Folientüte stecken.

5 | Am oberen Rand mit dem Locher eine Öffnung durch beide Tüten lochen und das Gummiband dort befestigen.

6 | Die Tüte mit der gefalteten Serviette füllen und mit dem Gummiband verschließen.

gelingt leicht

Asia-Plastiktüte

- **1 Lebensmittelverpackung aus dem Asienladen**
- **Nähnadel + Faden**
- **2 Ess-Stäbchen**
- **1 Serviette, 50 x 50 cm**

1 | Die Verpackung im Kopierladen zweimal auf eine Größe von mindestens 10 x 28 cm kopieren lassen.

2 | Aus einer Kopie ein Rechteck von 10 x 18 cm schneiden.

3 | Beide Teile im Kopierladen getrennt voneinander laminieren lassen und ausschneiden.

4 | Die beiden laminierten Teile unten bündig aufeinander legen. Die beiden Teile an den Längsseiten und unten grob mit Nadel und Faden zusammennähen.

5 | Die Ess-Stäbchen zusammen mit der gefalteten Serviette hineindrapieren.

im Bild links: **Asia-Plastiktüte** *im Bild rechts:* **Typo-Frittentüte**

汁
神州一味噌
しんしゅういち
わかめ汁
長ねぎ汁
とうふ汁

gelingt leicht

Papiertüte mit Henkel

- braune Papiertüte, 13 x 16 cm
- gemustertes Geschenkpapier, ca. 20 x 40 cm
- Klebstoff
- Silberglitter
- 2 Stücke Silberdraht, je 25 cm (1,2 mm Ø)
- je 1 Streifen Seidenpapier in Pink, Rosa, Weiß und Orange, je 11 x 40 cm
- 1 Serviette, 50 x 50 cm
- 6 kleine rote Chilischoten
- Nähnadel + Faden

1 | Die Papiertüte mit dem gemusterten Geschenkpapier bekleben.

2 | Das aufgeklebte Geschenkpapier am Rand mit Klebstoff bestreichen und den Silberglitter darauf streuen.

3 | Die beiden Silberdrahtstücke jeweils zu einem Halbkreis biegen.

4 | Die beiden Teile als Henkel in die Innenseite der Tüte kleben.

5 | Nach dem Trocknen des Klebstoffs die Seidenpapierstreifen und die Serviette in der Tüte arrangieren.

6 | Die Chilis mit der Nadel auf den Faden ziehen und an den Henkeln, als kleine Girlande, befestigen.

Knopfbanderole

- 1 Serviette, 50 x 50 cm
- Transparentpapier, 20 x 30 cm
- Klebstoff
- Geschenkpapier, 17 x 20 cm
- 10 Knöpfe (2 cm Ø)
- 50 cm dünner Faden
- 2 Ösen
- Ösenzange
- 1 Löffel

1 | Die Serviette zur Mitte falten und aufrollen.

2 | Das Transparentpapier so um die Serviette wickeln und an der Rückseite zusammenkleben, dass es oben und unten jeweils einige cm übersteht.

3 | Das Geschenkpapier um das Transparentpapier wickeln und an der Rückseite zusammenkleben.

4 | Die Knöpfe auf den Faden ziehen. Die aufgezogenen Knöpfe mittig um die Serviette wickeln und verknoten.

5 | Das Transparentpapier an den Enden zusammenösen.

6 | Den Löffel unter die Knopfbanderole schieben.

gelingt leicht

Filztasche mit Fransenrand und Rose

- roter Filz, 20 x 32 cm
  Nähnadel + roter Faden
  je 20 cm orangefarbenes, rotes und pinkfarbenes Fransenband
  orange-goldfarbenes Yoshpapier, 4,5 x 8,5 cm
  Klebstoff
  1 Stoffrose
  2 rote Perlen
  1 Serviette, 50 x 50 cm

1 | Den Filz unten um 12 cm einschlagen. Die Seitenränder an den schmalen, doppelten Seiten mit dem roten Faden zusammennähen.

2 | Die Fransenbänder am geschlossenen, unteren Rand der entstandenen Tasche annähen. Setzen Sie die Bänder so nebeneinander, dass sie sich etwas überlappen.

3 | Das Yoshpapier mittig am oberen Rand der Tasche festkleben und die Rose mit einigen Stichen auf das Yoshpapier nähen.

4 | Die roten Perlen an den beiden unteren Enden des Papiers festnähen.

5 | Die Serviette falten und in die Filztasche stecken.

gelingt leicht

Bunte Schachtel

- Schachtel, 13 x 13 x 3 cm (fertig gekauft)
  Plakafarbe
  Pinsel
  1 Serviette, 40 x 40 cm
  1 Plastikmaßband
  1 Stück Seidenpapier, 12,5 x 40 cm

1 | Die Schachtel mit Pinsel und Plakafarbe in der gewünschten Farbe bemalen und trocknen lassen.

2 | Die Serviette so zum Quadrat falten, dass sie exakt in die Schachtel passt, und mit dem Maßband umwickeln.

3 | Das Seidenpapier in die Schachtel legen und die Serviette mit dem Maßband darauf legen.

TIPP

Sie können die Rose auch auf das Yoshpapier kleben.

im Bild vorne: **Filztasche mit Fransenrand und Rose** *im Bild hinten:* **Bunte Schachtel**

32
33
34
48
18
19
20
21

Zum Gebrauch
Damit Sie Bastelanleitungen mit bestimmten Materialien noch schneller finden können, stehen in diesem Register zusätzlich auch beliebte Materialien wie Filz oder Ösen – ebenfalls alphabetisch geordnet und **halbfett** gedruckt – über den entsprechenden Anleitungen.

Die Autorin

Caroline Hofman hat Graphik – Design studiert und arbeitet freiberuflich vor allem für niederländische und deutsche Zeitschriften. Ihre bevorzugten Bereiche sind Styling, Food, Packaging und Kreativ-Produktionen. Mit großer Freude taucht die gebürtige Niederländerin mit ihrem 9-jährigen Sohn Raphael für zauberhafte Produktionen in die fantasiereiche Kinderwelt ab.

Die Fotografen

Manfred Jahreiß arbeitet als selbstständiger Fotograf und betreibt mit seinem Team zwei Fotostudios bei Selb und in München. Er stammt aus einer Gegend Deutschlands, wo Hersteller für Tischkultur traditionell ansässig sind und hat sich mit zahlreichen Fotoproduktionen in diesem Bereich einen Namen gemacht. Zusammen mit seiner Münchner Studioleiterin **Eva Wunderlich** hat er für den GRÄFE UND UNZER VERLAG bereits eine ganze Reihe von Fotoproduktionen in stimmungsvoller und vielseitiger Bildsprache realisiert. M. Jahreiß und E. Wunderlich danken den Firmen Dibbern, Rosenthal AG, SKV-Arzberg, Villeroy und Boch AG ganz herzlich für die freundliche Unterstützung.

Bildnachweis

Titelbild: Jörn Rynio;
alle anderen: Studio Jahreiß

Gedruckt auf Primasilk 130 g/qm holzfrei mattgestrichen Bilderdruck, made by StoraEnso, geliefert von der Papier Union

Programmleitung:
Doris Birk
Leitende Redakteurin:
Birgit Rademacker
Redaktion:
Stefanie Poziombka
Lektorat:
Margit Proebst
Layout, Typografie und Umschlaggestaltung:
Independent Medien Design, München
Satz: Verlagssatz Lingner
Herstellung:
Helmut Giersberg
Reproduktion:
Repro Ludwig, Zell am See
Druck und Bindung:
Druckhaus Kaufmann, Lahr

ISBN 3-7742-6064-8

Auflage	5.	4.	3.	2.	1.
Jahr	2007	06	05	04	03

GRÄFE UND UNZER

Ein Unternehmen der
GANSKE VERLAGSGRUPPE

Das Original mit Garantie

Ihre Meinung ist uns wichtig. Deshalb möchten wir Ihre Kritik, gerne aber auch Ihr Lob erfahren. Um als führender Ratgeberverlag für Sie noch besser zu werden. Darum: Schreiben Sie uns! Wir freuen uns auf Ihre Post und wünschen Ihnen viel Spaß mit Ihrem GU-Ratgeber.

Unsere Garantie: Sollte ein GU-Ratgeber einmal einen Fehler enthalten, schicken Sie uns das Buch mit einem kleinen Hinweis und der Quittung innerhalb von sechs Monaten nach dem Kauf zurück. Wir tauschen Ihnen den GU-Ratgeber gegen einen anderen zum gleichen oder ähnlichen Thema um.

Ihr Gräfe und Unzer Verlag
Redaktion Kochen
Postfach 86 03 25
81630 München
Fax: 089/41981-113
e-mail: leserservice@graefe-und-unzer.de

GU KÜCHENRATGEBER

Neue Rezepte für den großen Kochspaß

ISBN 3-7742-6059-1

ISBN 3-7742-6061-3

ISBN 3-7742-5762-0

ISBN 3-7742-5723-X

ISBN 3-7742-6058-3

ISBN 3-7742-6067-2

64 Seiten, 6,90 € [D]

Das macht die GU Küchenratgeber zu etwas Besonderem:

- *Rezepte mit maximal 10 Hauptzutaten*
- *Blitzrezepte in jedem Kapitel*
- *alle Rezepte getestet*
- *Geling-Garantie durch die 10 GU-Erfolgstipps*

G|U

Gutgemacht. Gutgelaunt.

ZU HAUSE SUCHEN

- Alle Bastelanleitungen sollen nur Anregungen sein, zu Hause zu suchen, Schubladen zu öffnen, die verschiedensten Fundstücke miteinander zu kombinieren. Probieren Sie nach Lust und Laune drauflos! Sie werden überrascht sein, was Sie alles im eigenen Haus finden und für die kreative Serviettengestaltung verwenden können.

Geling-Garantie für Servietten falten

SERVIETTEN FALTEN – GUT VORBEREITET 1

- Beim Serviettenfalten ist eine gute Vorbereitung der Stoffservietten beinahe schon das A und O.
- Bügeln Sie die Servietten am besten schon einige Tage vor dem geplanten Einsatz in Form und pressen Sie sie zwischen Büchern.

SERVIETTEN BESCHRIFTEN

- Alle Servietten können Sie selbstverständlich auch direkt beschriften. So bringen Sie schnell und einfach eine noch persönlichere Note in Ihre Serviettengestaltung. Es gibt für beinahe jedes Material Spezialstifte, so z. B. den Edding 4600 T-Shirt Pen für Stoffservietten. Lassen Sie sich am besten beim Einkauf beraten.

NÄHEN STATT KLEBEN

- Die Arbeit mit Klebstoff geht zwar wesentlich schneller von der Hand, als die Materialien mit einigen Stichen zusammenzunähen, er ist aber kaum auswaschbar. Investieren Sie lieber ein wenig Zeit, wenn Sie Ihre Serviette nochmals verwenden möchten.